AF227376

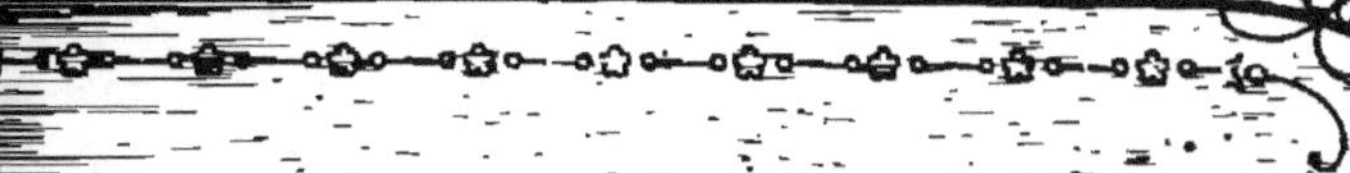

NOTICE

SUR

L'ABBÉ HOUSSARD

CURÉ DE SANDILLON

PAR

L'ABBÉ MÉTHIVIER.

ORLÉANS

IMPRIMERIE ERNEST COLAS,

VIS-A-VIS DU MUSÉE.

—

1867.

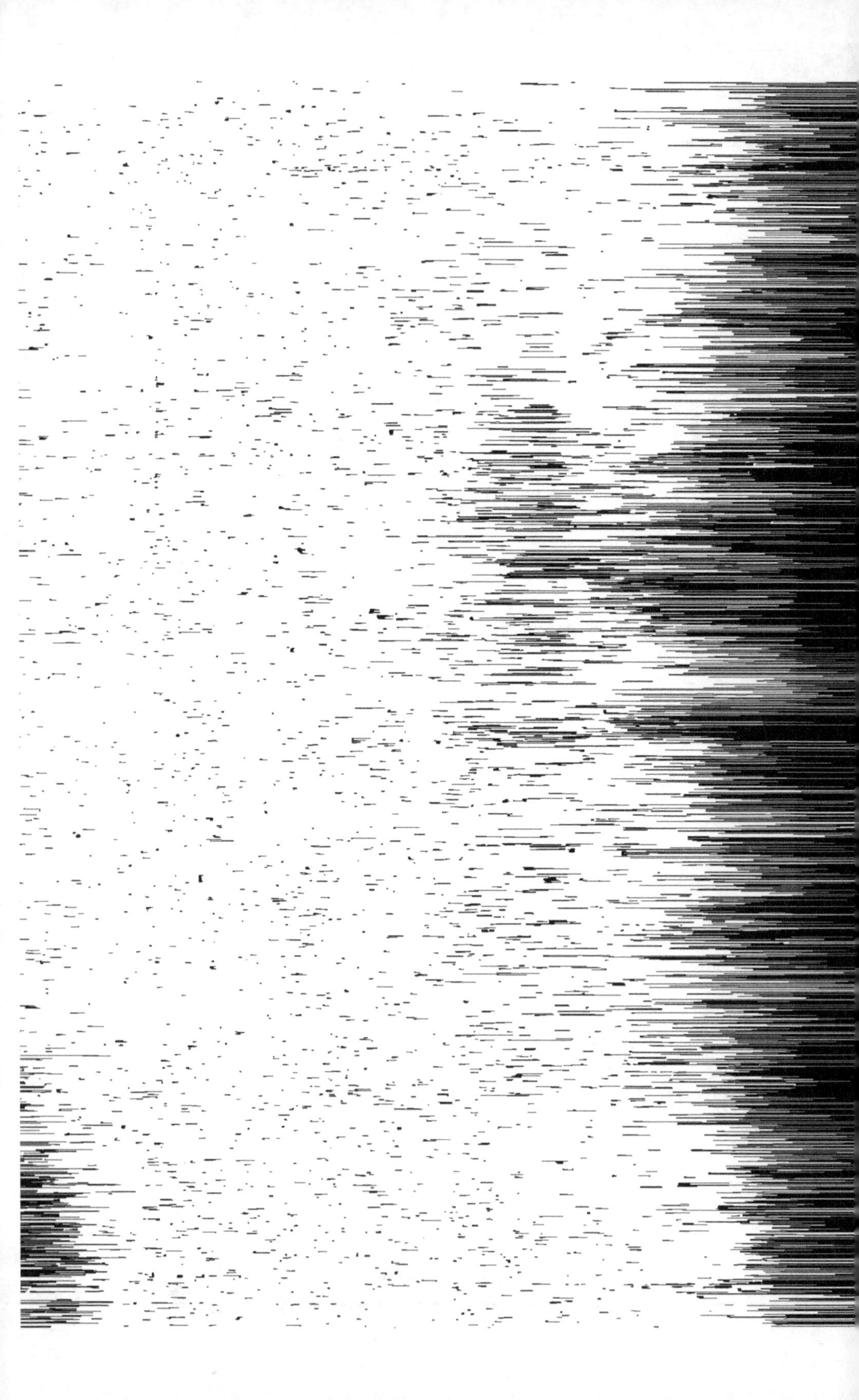

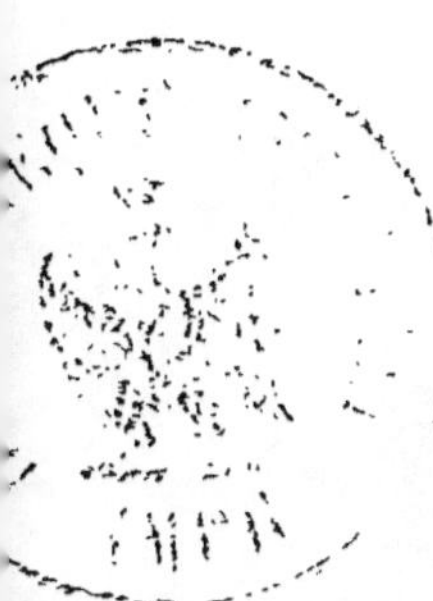

NOTICE

SUR

L'ABBÉ HOUSSARD

NOTICE

SUR

L'ABBÉ HOUSSARD

CURÉ DE SANDILLON

PAR

L'ABBÉ MÉTHIVIER.

ORLÉANS

IMPRIMERIE ERNEST COLAS,

VIS-A-VIS DU MUSÉE.

—

1867.

NOTICE

L'ABBÉ HOUSSARD

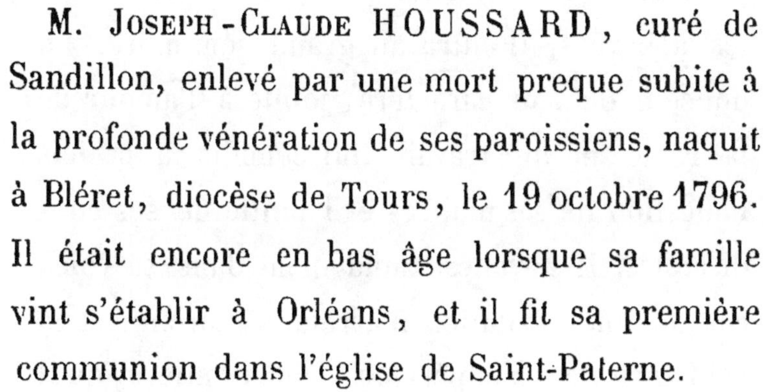

M. Joseph-Claude HOUSSARD, curé de Sandillon, enlevé par une mort preque subite à la profonde vénération de ses paroissiens, naquit à Bléret, diocèse de Tours, le 19 octobre 1796. Il était encore en bas âge lorsque sa famille vint s'établir à Orléans, et il fit sa première communion dans l'église de Saint-Paterne.

Le grand jour de sa première communion décida tout son avenir. Le vénérable curé de la paroisse, M. Blandin, frappé de la candeur et de la piété du jeune communiant, crut entrevoir les heureux signes d'une vocation ecclésiastique, et chargea l'abbé Duval, son vicaire, de donner ses soins à l'instruction de ce jeune homme.

Après les leçons préparatoires de grammaire, le pieux écolier fut admis en quatrième au petit séminaire d'Orléans. Il n'eut pas dans ses classes les succès éclatants que couronnent les lauriers de fin d'année ; mais il acquit, par les solides qualités de son esprit et son application soutenue, un riche fonds de connaissances littéraires qu'il cultiva toute sa vie. Ses humanités achevées, il entra au grand séminaire. La douceur de son caractère, jointe à l'amour de la règle et du travail, lui concilia à la fois l'affection de ses maîtres et l'amitié de ses condisciples. Il s'avança rapidement dans sa voie, car aucune hésitation n'arrêta sa marche ; et la confiance de ses supérieurs était si entière, qu'il fut appelé successivement et avec les seuls délais exigés par les canons, aux ordres mineurs, au sous-diaconat, au diaconat, et bientôt après, au sacerdoce.

C'était le 20 décembre 1820, notre jeune

diacre et huit de ses condisciples franchissaient les degrés de la cathédrale : arrivés devant l'autel, ils se prosternèrent et s'étendirent immobiles sur les dalles du sanctuaire ; là, le front dans la poussière et le cœur rempli d'une joie céleste, ils se consacrèrent à Dieu, au service des âmes et au service de toutes les misères humaines, sous l'autorité de leur Évêque. l'abbé Houssard n'oublia jamais ce premier jour de son sacerdoce.

Quelques semaines après l'ordination, il fut nommé Curé de Villereau, avec la charge de desservir Saint-Lyé. Dans ce double ministère, les suaves qualités du pasteur furent également appréciées par les deux paroisses. Cependant Saint-Lyé enviait à Villereau l'avantage d'être la résidence du Curé, et, fondant ses droits sur la supériorité numérique de sa population, demandait énergiquement à ce qu'il vînt habiter son presbytère ; Villereau, de son côté, fier et heureux de posséder M. Houssard, ne voulait point s'en séparer. De là, entre ces paroisses,

des jalousies et des rivalités que l'autorité su-
périeure fit disparaître en enlevant à l'une et à
l'autre leur bien-aimé pasteur pour l'envoyer à
Juranville.

En 1821, Juranville, paroisse importante du
Gâtinais, n'était point encore sortie des ruines
morales et religieuses de 93. On y comptait
quarante mariages civils et plusieurs familles
dont les enfants âgés de 15 et 16 années,
n'avaient reçu aucun enseignement chrétien,
pas même le baptême (1). En face de cette

(1) Le lendemain de sa nomination, l'abbé Houssard fit
un voyage à sa nouvelle paroisse qu'il ne connaissait pas.
Après quatre heures de marche, incertain de sa route, il
demande à un passant le chemin de Juranville. Cet homme
hésite à répondre, regarde attentivement celui qui l'inter-
roge et lui adresse cette question : Est-ce que vous seriez
M. le Curé qui doit venir à Juranville ? — C'est moi-même.
— Eh bien, Monsieur, ce n'est pas la peine d'aller plus
loin, car Juranville ne veut pas de vous. — Quoi qu'il
arrive, je tiens à y aller, indiquez-moi le chemin ? — Je
m'en garderai bien ; je ne veux pas qu'au pays on ait à
me reprocher de vous avoir montré le chemin de notre
commune.

L'abbé Houssard racontait volontiers ce petit incident
de son entrée dans Juranville.

difficile situation, notre jeune curé, naturellement timide, ne fit point paraître les vives ardeurs qui enflammaient le cœur de l'Apôtre à la vue des désordres d'Athènes : *Incitabatur spiritus ejus in ipso, videns idololatriœ deditam civitatem* (1). Mais il s'effraya outre mesure, et craignant d'engager une lutte qu'il croyait être au-dessus de ses forces, il prit la modeste résolution de se renfermer dans un ministère prudent et réservé, et de mener, au sein de cette population hostile, une vie plus intérieure que militante. Il se tenait en son presbytère, s'adonnait à l'étude, s'occupait de l'arrangement de son église, consacrait une partie du temps à la prière, et épiait les occasions de pouvoir faire à l'un ou à l'autre de ses paroissiens une visite qui ne fût point repoussée ou mal interprétée.

Au reste il était habile à faire naître et à saisir ces occasions : une légère indisposition, un accident, la perte d'un animal domestique, un événement heureux ou malheureux survenu

(1) *Act.*, XVII, 16.

dans une famille, amenait le curé sur le seuil de la maison. Si un enfant du catéchisme avait récité couramment l'Évangile, le pasteur allait aussitôt féliciter le père sur la capacité et les heureuses dispositions de son fils, et ce jour-là il était assez gracieusement accueilli. Les malades surtout lui ouvraient une belle carrière. Dès qu'il avait pu pénétrer jusqu'auprès d'eux, il ne les quittait plus : avant l'aurore il accourait demander comment le cher malade avait passé la nuit ; puis, avec le dévouement et le savoir-faire d'une sœur de charité, il préparait les tisanes, chauffait à point le cataplasme, surveillait l'application des sangsues, présentait lui-même la répugnante cuillerée de la potion, et offrait ses confitures pour en adoucir l'amertume.

Le soir, il apparaissait de nouveau au chevet du malade, et versait dans son cœur, ouvert par tant de bontés, les ineffables consolations de la foi. Enfin, lorsque les symptômes alarmants avaient disparu, et que le couvalescent entrait dans ces longs jours où l'espérance de la guérison n'enlève point encore les ennuis de sa lenteur, le curé proposait à son paroissien étonné une intéressante partie de cartes, et il menait si bien son jeu, qu'il perdait presque toujours la partie d'honneur ; mais il avait gagné l'affection reconnaissante d'une pauvre famille ; et avant de la quitter, il retirait de la poche invisible de sa soutane un flacon mystérieux qu'il déposait sur la table en disant : notre jeu a été un délassement pour moi, et peut-être une fatigue pous vous ; ce vin vieux est destiné à réparer les forces épuisées de mon vainqueur.

Après une année passée dans ces délicates servitudes du ministère pastoral, M. l'abbé Houssard dut rendre compte à ses supérieurs de l'état présent de sa paroisse et constater les résultats de la mission qui lui avait été confiée. Jusqu'ici extérieurement, rien ne paraissait changé dans les habitudes et les dispositions du pays, et le curé désolé pensait n'avoir fait aucun bien. Avec le double voile de la timidité et de l'humilité placé sur ses yeux, il n'avait point aperçu les intimes transformations opérées sans bruit au fond des âmes par la secrète influence de sa vie *cachée* et *dévouée*. Oui, de profondes améliorations, encore à l'état latent et comme enfouies dans les consciences, s'étaient accomplies. Le soir, aux veillées de la famille on s'entretenait de la bonté, de la charité, de la piété de M. le Curé. On l'avait vu, sans être demandé, se rendre auprès des malades pendant la nuit ; il était, disait-on, le plus matinal de la paroisse, et ce propos répondait à bien des préjugés ; le bruit courait qu'il avait par ses démarches et son influence, sauvé une famille du déshonneur, et réconcilié deux frères qui se détestaient à mort depuis la succession de leur père. On était dans l'admiration parce qu'il avait rendu un important service à des gens qui n'étaient pas mariés à l'église ; on ne le trouvait pas fier, et on remarquait qu'il saluait toujours le premier, même les petits enfants, sans doute pour leur apprendre la politesse. Les plus malveillants étaient devenus moins audacieux dans leurs propos contre la religion et rencontraient des contradicteurs jusque dans les cabarets.

Toutes ces appréciations, circulant dans le pays, avaient affaibli des hostilités, effacé des préventions, redressé des erreurs, rétabli des vérités, éveillé des espérances et déposé dans les cœurs comme une semence de bien prête à lever. Sans doute, le froid glacial du respect humain arrêtait encore le developpement extérieur de cette préparation évangélique ; et le bon curé, n'apercevant autour de lui aucun important progrès dans l'accomplissement des devoirs religieux, crut son ministère inutile, et termina le compte-rendu qu'il adressait à ses supérieurs par la demande d'un poste moins difficile.

Quinze jours après avoir demandé son changement, M. le curé de Juranville reçut pendant la nuit une visite imprévue : trois hommes, dont l'active irréligion dominait tout le pays depuis vingt années, vinrent lui confier leur résolution bien arrêtée de faire bénir leur mariage civil. Cette démarche une fois connue dans la paroisse, on vit commencer un mouvement de retour qui devint bientôt général ; les situations irrégulières ne pouvaient plus tenir. Les uns se préparaient au baptême, les autres à la première communion ; et le curé, rendant grâces à Dieu, répondait à tous les désirs, et distribuait l'instruction religieuse avec un zèle qui ravissait ses néophytes et lui faisait oublier son découragement passé. Mais ses bienveillants supérieurs s'en étaient souvenus, et vers la fin de février 1823, ils l'appelèrent à la cure de Jouy-le-Pothier.

Ces trois premières années d'un ministère si douloureusement accidenté, apportèrent à l'esprit droit et réfléchi de l'abbé Houssard un grand enseignement pour la direction de sa vie : il se traça donc à lui-même cette belle règle sacerdotale : « Aller où la volonté des supérieurs m'enverra ; y faire le bien en silence, et, quoi qu'il arrive, ne demander jamais d'en sortir. »

A Jouy-le-Pothier, l'abbé Houssard trouva une bonne et placide population, demeurée fidèle aux principes religieux et aux habitudes chrétiennes qui assurent le bonheur des familles. Là, son zèle pous les âmes put se déployer en toute liberté : ses visites, ses conseils, sa parole pastorale, accueillis avec respect, portèrent des fruits abondants ; car tous les cœurs lui étaient ouverts. Une note, venue de Jouy et écrite par son successeur dans cette cure, constate ces heureux résultats, et se termine par ces mots : « Il a passé ici cinq années en faisant le bien « sans bruit et avec un entier dévouement, « agissant toujours d'après les préceptes de « notre illustre supérieur M. Mérault (1). »

Le séjour de Jouy, si favorable au ministère de l'abbé Houssard, devint très-funeste à sa santé. D'impitoyables fièvres ressaisissaient chaque année leur victime, la tourmentaient pendant trois ou quatre mois, et ne la quittaient

---

(1) Ce témoignage est extrait d'une lettre du savant abbé Bellu, chanoine honoraire et curé de Jouy-le-Pothier.

qu'après avoir anéanti ses forces. Les médecins, déconcertés, lui affirment qu'il y a danger pour sa vie à demeurer plus longtemps dans ce pays, et le pressent de solliciter son changement ; mais le malade, avec une générosité qui s'élève jusqu'au sacrifice de lui-même, déclare qu'il ne fera aucune démarche pour être séparé de ses paroissiens. C'est alors que des amis avertirent confidentiellement les vicaires généraux de la situation alarmante du curé de Jouy ; et peu de jours après, en janvier 1829, Mgr de Beauregard confiait à l'abbé Houssard la paroisse de Sandillon. Disons de suite que l'alliance formée par le saint Évêque entre le curé et la paroisse dura près de 39 années ; qu'elle fut douce à l'un et l'autre, toujours harmonieuse, et toujours féconde.

En entrant à Sandillon, l'abbé Houssard, fatigué de ses éphémères apparitions dans ces trois premières cures et peu satisfait des résultats incomplets d'un ministère sans permanence et sans suite, résolut de se donner tout entier et pour la vie à sa nouvelle paroisse (1).

Au début de sa mission, il évita les mouvements précipités d'un zèle impatient de réaliser de suite toutes les améliorations désirables, et il crut prudent de consacrer un temps considérable à une apparente inaction, pour étudier la position, apprécier les besoins, découvrir les ressources, prévoir les obstacles, préparer les moyens, et attendre en toute patience l'heure providentielle de chaque œuvre.

Cette marche lente n'avait assurément ni l'entrain ni l'éclat qui frappe les regards de la multitude, ou attire l'attention des supérieurs, mais elle lui gagnait peu à peu la profonde estime, et bientôt après le généreux concours des autorités locales et des principaux propriétaires : ces deux grandes et légitimes puissances, sans

____

(1) Mgr l'Évêque d'Orléans offrant plus tard une cure de canton à l'abbé Houssard, reçut cette réponse : « Si « Votre Grandeur me donne un ordre, j'obéis; si elle me « propose une faveur, je choisis la faveur de rester avec « mes bien-aimés paroissiens de Sandillon. »

lesquelles rien d'important pour le bien public ne peut être fait dans les communes rurales.

Ainsi, en peu d'années, l'abbé Houssard, par la simplicité distinguée de ses manières, la belle régularité de sa vie sacerdotale, et la constante modération qui présidait à tous ses actes, avait mérité et obtenu l'entière confiance des familles éminentes et des représentants de l'autorité municipale. Dès lors on vit à Sandillon, ce que l'on devrait voir partout, les trois principales forces chargées de servir les intérêts les plus élevés de la commune, le maire, le curé et les grands propriétaires, s'unir dans une entente parfaite et mettre en commun leurs lumières, leur dévouement et leurs ressources, afin de donner au pays les établissements les plus nécessaires à sa prospérité.

En 1843, construction d'un école de filles, dirigée par deux religieuses ; quelque temps après, une troisième sœur est appelée pour visiter les malades ;

En 1849, construction d'une maison d'école pour les garçons ;

En 1856, construction d'un presbytère ;

En 1857, grand établissement donné pour les écoles de filles ;

En 1862, construction d'une église monumentale ;

En 1863, salle d'asile dirigée par une quatrième religieuse.

Quelle merveilleuse fécondité ! Vraiment, les grandes œuvres communales germent et croissent ici, comme les moissons, chaque année, sur un champ bien cultivé et béni du ciel ! Honneur à tous les habitants de Sandillon qui, répondant aux nobles inspirations de leur pasteur, ont concouru à l'établissement d'institutions fondamentales que leurs descendants de la vingtième génération devront à leur générosité !

Nous ne pouvons passer sous silence ni exposer avec étendue la conduite héroïque du curé de Sandillon pendant les trois inondations qui ravagèrent sa paroisse en 1846, 1856 et 1866.

Son courage et sa charité se sont élevés à la hauteur des dangers et des misères de ces effroyables calamités. On sait qu'alors le Gouvernement a rendu un témoignage solennel à son dévouement, en le décorant d'une médaille d'honneur, que l'humilité du prêtre n'a jamais laissé paraître.

Après les vives émotions et les accablantes fatigues éprouvées à l'occasion du dernier débordement de la Loire, l'abbé Houssard, déjà affaibli par l'âge et averti par de légères attaques d'apoplexie, se prépara à la mort avec la sérénité d'un saint. Il put repasser devant Dieu avec confiance ses cinquante années de ministére pastoral si bien rempli à l'autel, en chaire, au tribunal de la pénitence, au chevet des malades, dans les grands dévouements comme dans les humbles services de la charité cachée ; car partout et toujours il s'est tenu sur les hauteurs du devoir, comme le stylite du désert sur sa colonne, sans jamais en descendre. Et cette fermeté dans le devoir, il la puisait chaque jour, dès le matin, aux sources vives de la prière, de la méditation et du saint sacrifice ; et le soir, dans le recueillement d'un quart d'heure passé en présence du Saint-Sacrement.

Voilà ce que faisait le serviteur en attendant l'heure du Maître qui a dit : « Heureux le « serviteur si son maître, en arrivant, le trouve « agissant ainsi. Je vous dis en vérité qu'il « l'établira sur tous ses biens : *Beatus ille ser-* « *vus, quem cum venerit Dominus ejus invene-* « *rit sic facientem. Amen dico vobis, quoniam* « *super omnia bona sua constituet eum.* » Cette heure redoutable et désirée arriva pour l'abbé Joseph-Claude Houssard, curé de Sandillon, le mardi 17 septembre 1867 (1).

---

(1) Pour satisfaire à quelques dépenses urgentes au moment de l'ensevelissement, le secrétaire du défunt fut ouvert par le vénérable doyen de Jargeau, son ami. On y trouva 100 fr. avec une note indiquant leur destination prévue ; on y trouva encore, je crois, une pièce de 50 cent., et rien de plus ! Le défunt n'avait point fait de testament par la raison souveraine qui a empêché saint Augustin de

faire le sien : Il n'avait rien à donner après sa mort, parce qu'il avait tout donné pendant sa vie : *Nullo testimonio facto, quia undè faceret, Christi pauper non habebat.* (Brév., fête de saint Augustin.)

Orléans. — Imp. Ernest Colas.

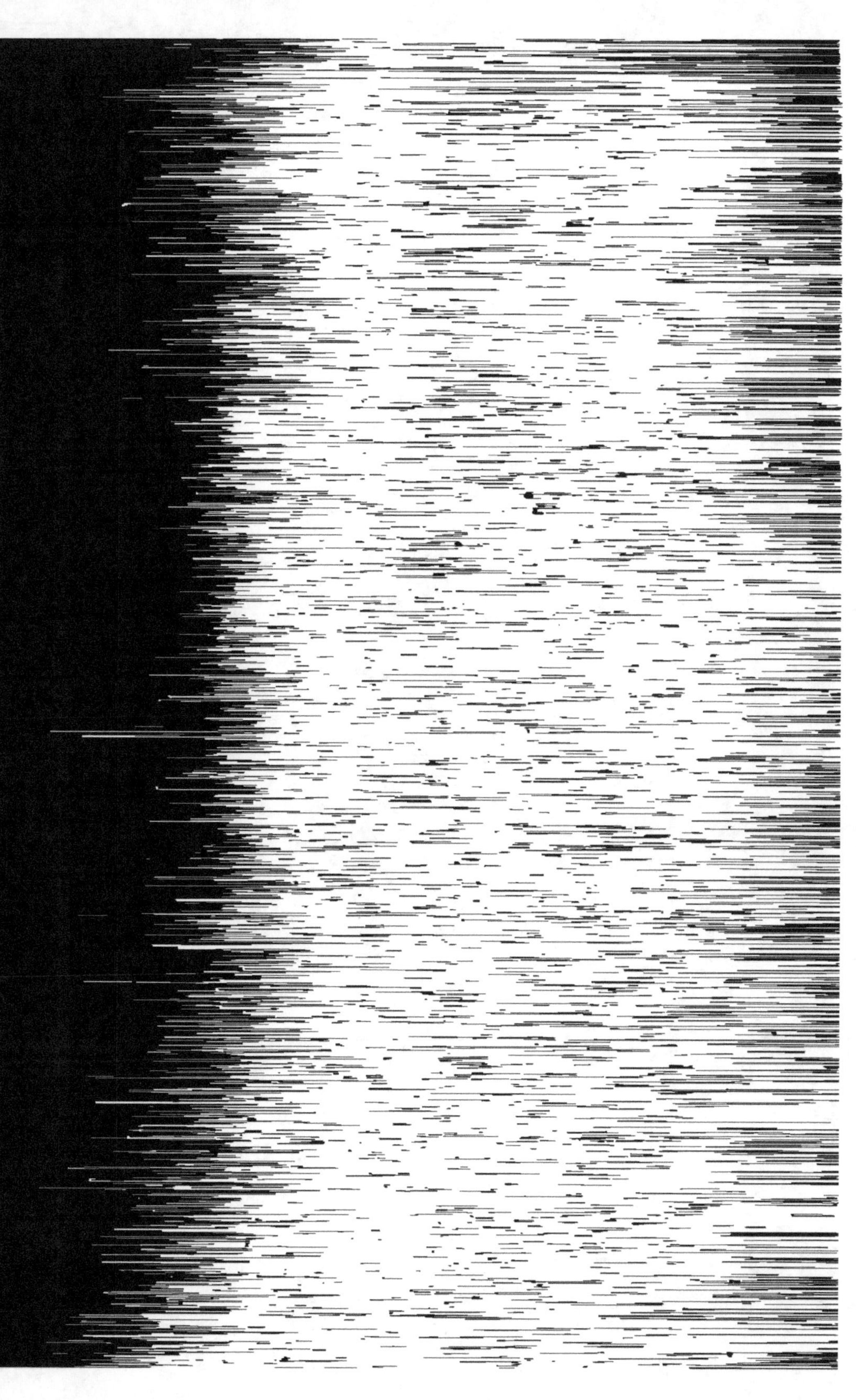

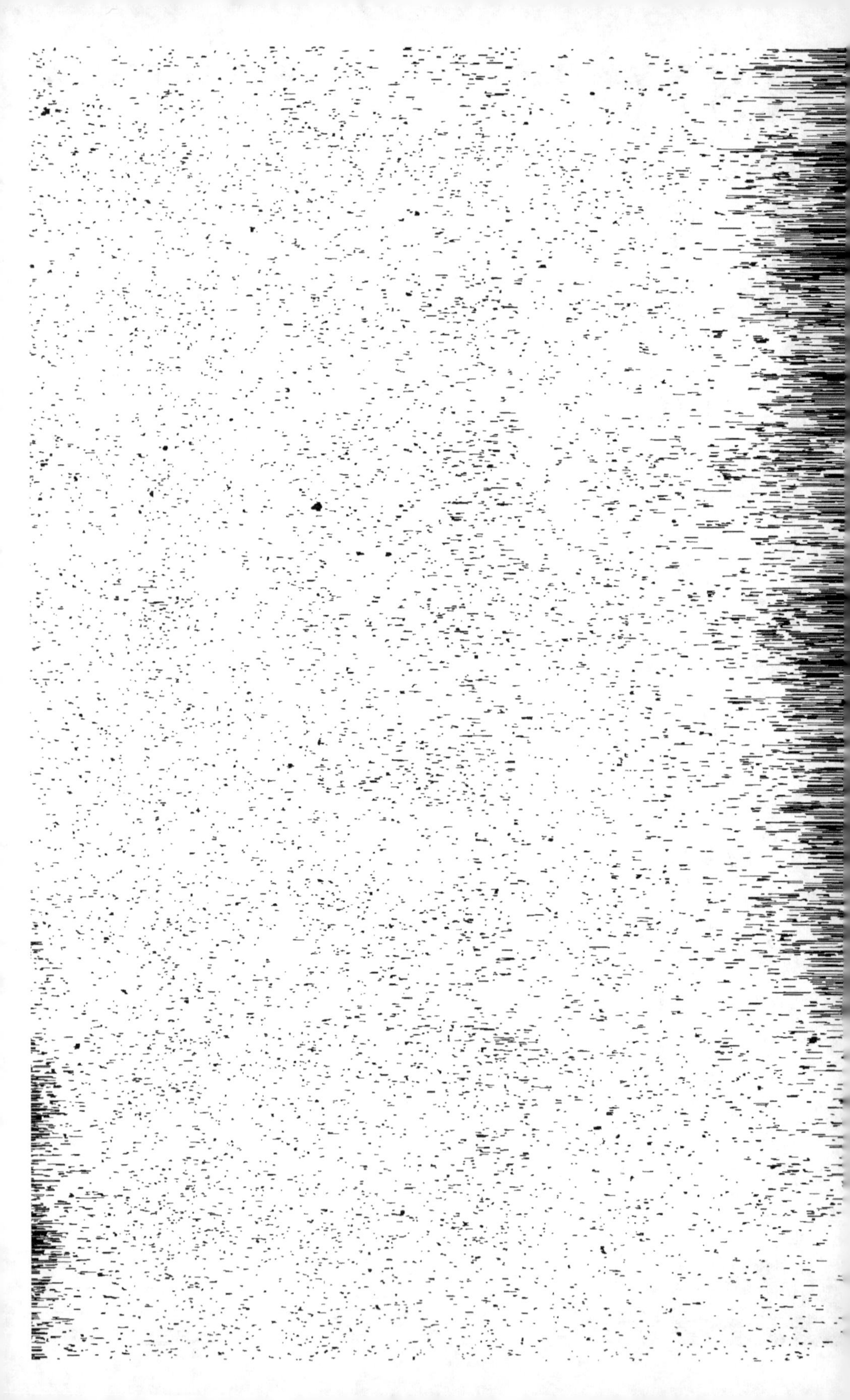

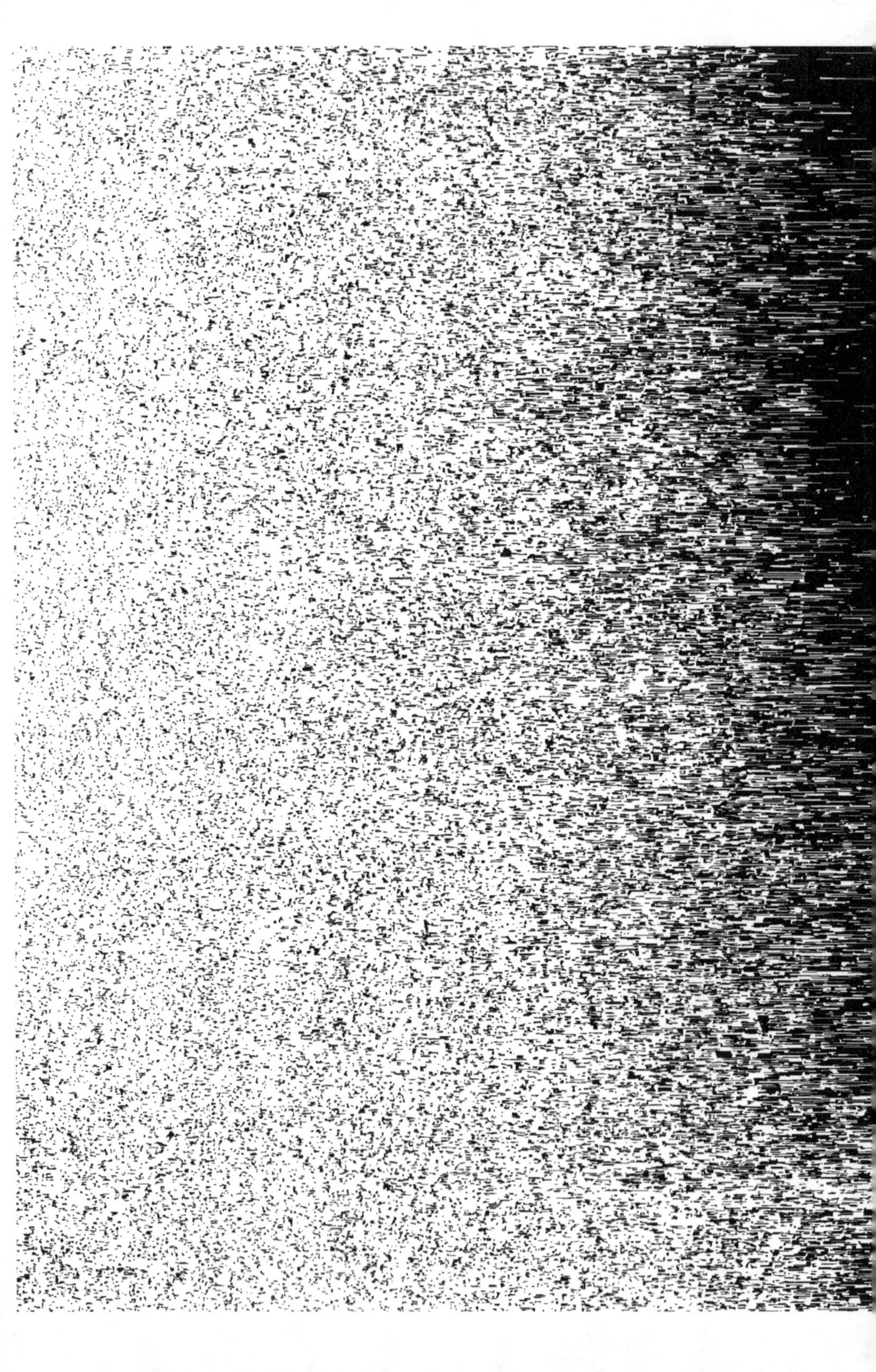

www.ingramcontent.com/pod-product-compliance
Lightning Source LLC
Chambersburg PA
CBHW071411030726
47594CB00006B/2394